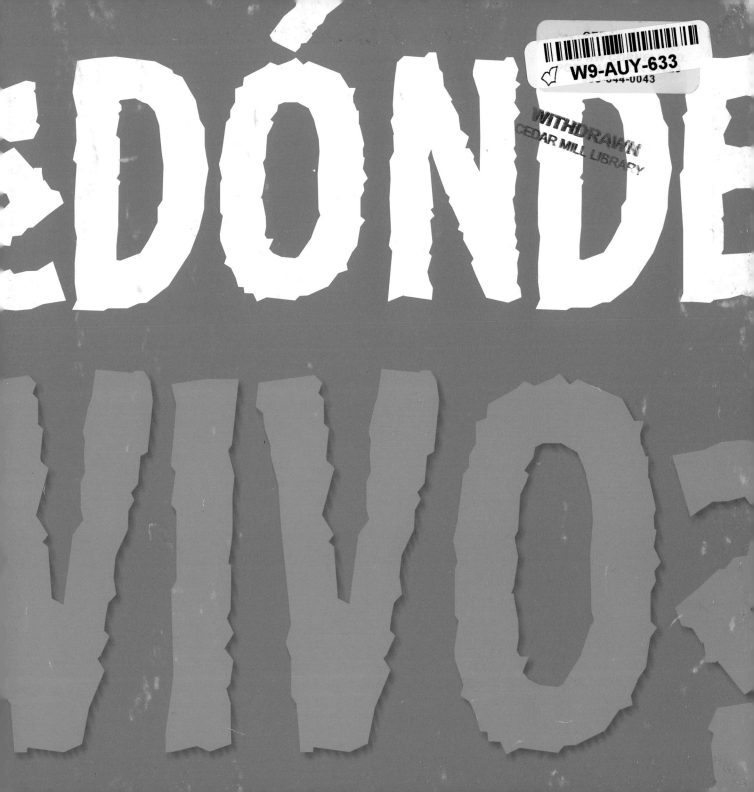

¿DÓNDE VIVO?

EL PINGÜINO

Montse Ganges
Jordi Sales

www.combeleditorial.com

¿HAY ALGUIEN AHÍ?

¿Hay alguien ahí?

2

¡SÍ! ¡ES EL PINGÜINO!
PERO ¿DÓNDE VIVE EL PINGÜINO?

¡Sí! ¡Es el pingüino!
Pero ¿dónde vive el pingüino?

4

5

¿EL PINGÜINO VIVE
EN LA COPA DE UN ÁRBOL?
¡NO, NOOOOOO! QUE ESTÁ DEMASIADO
ALTO Y ÉL NO PUEDE VOLAR.

¿El pingüino vive
en la copa de un árbol?
¡No, noooooo! Que está demasiado
alto y él no puede volar.

¿EL PINGÜINO VIVE EN EL HUERTO?
¡NO, NOOOOOO!
QUE NO LE GUSTAN
NI LAS VERDURAS NI LOS CARACOLES.

¿El pingüino vive en el huerto?
¡No, noooooo!
Que no le gustan
ni las verduras ni los caracoles.

¿EL PINGÜINO VIVE EN LA CIUDAD?
¡NO, NOOOOOO!
QUE TENDRÍA MIEDO A LOS COCHES
Y SE ESCONDERÍA EN UNA ALCANTARILLA.

¿El pingüino vive en la ciudad?
¡No, noooooo!
Que tendría miedo a los coches
y se escondería en una alcantarilla.

¿EL PINGÜINO VIVE EN LA SELVA?
¡NO, NOOOOOO!
QUE ACABARÍA COLGADO DE UNA LIANA
Y NO SABRÍA CÓMO BAJAR.

¿El pingüino vive en la selva?
¡No, noooooo!
Que acabaría colgado de una liana
y no sabría cómo bajar.

12

¿EL PINGÜINO VIVE EN EL DESIERTO?
¡NO, NOOOOOO!
¡QUE CON EL CALOR SE LE PEGARÍA
LA ARENA Y PARECERÍA UNA CROQUETA!

¿El pingüino vive en el desierto?
¡No, noooooo!
Que con el calor se le pegaría
la arena y parecería una croqueta.

¿EL PINGÜINO VIVE EN EL CONGELADOR?
¡NO, NOOOOOO!
QUE HAY MUY POCO ESPACIO
Y NO PODRÍA MOVERSE ENTRE
LOS PAQUETES DE CONGELADOS.

¿El pingüino vive en el congelador?
¡No, noooooo!
Que hay muy poco espacio
y no podría moverse entre
los paquetes de congelados.

16

17

¿EL PINGÜINO VIVE EN EL POLO SUR?
¡SÍ, SÍÍÍÍÍÍ!
QUE ALLÍ SE ESTÁ FRESQUITO
Y HAY MAR PARA NADAR Y PESCAR.

¿El pingüino vive en el Polo Sur?
¡Sí, síííííí!
Que allí se está fresquito
y hay mar para nadar y pescar.

19

SOY UN PINGÜINO. LOS PINGÜINOS
SOMOS AVES, TENEMOS PICO
Y PLUMAS Y SALIMOS DE UN HUEVO.
ADEMÁS DE LAS PLUMAS, TENEMOS
UNA CAPA DE GRASA DEBAJO DE LA PIEL
QUE NOS AYUDA A AGUANTAR EL FRÍO.

AUNQUE SEAMOS PÁJAROS,
NO VOLAMOS; NOS DESPLAZAMOS
POR EL AGUA EMPLEANDO
LAS ALAS, LA COLA Y LAS PATAS.
PODEMOS PASAR LARGAS
TEMPORADAS EN EL AGUA, PERO
CRIAMOS EN TIERRA.

LAS HEMBRAS PONEN LOS HUEVOS
EN LA TIERRA O DENTRO DE UN NIDO
HECHO CON GUIJARROS.
TANTO EL PADRE COMO LA MADRE
CUIDAN DE LA CRÍA HASTA QUE
SE HACE ADULTA. ¿Y QUÉ COMEMOS?
PECES, CALAMARES, CANGREJOS…

22

LOS PINGÜINOS VIVIMOS EN EL POLO SUR, PERO NO TODOS SOMOS IGUALES. EN EL MUNDO HAY 17 ESPECIES DE PINGÜINOS. ¿QUIERES QUE TE PRESENTE ALGUNAS?

PINGÜINO EMPERADOR

PINGÜINO DE CARA BLANCA

PINGÜINO REAL

PINGÜINO DEL CABO

23

¡HASTA PRONTO!
¡OS ESPERO EN EL POLO SUR!

¡Hasta pronto!
¡Os espero en el Polo Sur!